TRAITÉ PRATIQUE

DES

DOUANES

PAR M. A. DELANDRE,

Directeur des Douanes.

- - - - - -

TROISIÈME SUPPLÉMENT.

ANNÉE 1860.

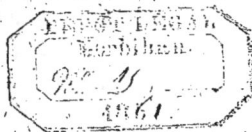

Dispositions générales.

326—18. Avant-dernier §. *Tarif.* Les marchandises inter-tropicales dont la production est commune aux pays géogra-phiquement hors d'Europe et baignés par la Méditerranée sont admises, lorsque l'origine en est justifiée, aux droits relatifs aux provenances des pays hors d'Europe.

Sont ainsi traités les ivoires importés des ports des États barbaresques et de l'Egypte, lorsqu'il est établi, au moyen de certificats de consuls français, que ces produits ont été apportés du centre de l'Afrique par les caravanes. *(Déc. min. du 11 août 1860; circ. du 25, n° 680.)*

327—1 S. 1er §. *Rayer la 4e ligne.* Les déchets de laine ne donnent pas ouverture à justification d'origine. *(Circ. du 25 juil-let 1860, n° 660.)*

328—19 T. 1er §. *Ajouter :* et circ. du 6 janvier 1861, n° 720.

A l'égard des produits qui, admissibles en franchise lorsqu'ils proviennent du cru d'Europe, sont importés par terre, le service

1

peut appliquer l'immunité sans réclamer de certificat d'origine. Ce n'est qu'autant qu'il s'élèverait des soupçons de manœuvres frauduleuses, que les employés exigeraient des attestations émanées des douanes étrangères. En toute hypothèse, et pour lever toute incertitude s'il y avait lieu, on aurait recours à l'expertise légale. *(Circ. du 6 janvier 1861, n° 720.)*

2e §. Les droits de chancellerie de consulats français sont de 5 fr. pour la délivrance et de 2 fr. 50 pour la légalisation des certificats d'origine, quel que soit le nombre des factures annexées. *(Déc. du 31 octobre 1860; circ. du 18 décembre 1860, n° 715.)*

329—25. 1er §, 3e ligne. *Après le mot* excepté, *mettre :* les cafés, cacaos et thés exceptés aussi. *(Loi du 23 mai 1860; art. 6; circ. n° 641.)*

330—27. P. 51, 2e §, 3e ligne. *Au lieu de* 1861, *mettre* 1862. *(Loi de finances du 26 juillet 1860, art. 7; circ. n° 666.)*

44. *Impressions.* 3e §. *Ajouter :* qui les adressent à l'administration. *(Circ. lith. du 18 juin 1860.)*

5e §, 3e ligne. *Après* laissez-passer, *mettre :* ou acquit-à-caution.

331—45. *Plombage.* P. 78, 5e §. Dans les bureaux où il n'existe pas de plombeur ou emballeur, l'agent qui en remplit les obligations reçoit un huitième de part, sauf division entre les ayants-droit dans le cas où plusieurs préposés auraient été successivement chargés de ce service. S'il y avait eu concours simultané de deux agents, l'allocation serait proportionnée à la durée de la gestion, lorsque celle-ci ne se serait pas prolongée durant toute l'année. *(Déc. du 9 février 1860.)*

332-46. *Garanties.* P. 83, dernier §, 1re ligne. *Après le mot* autant, *mettre :* qu'il n'existe pas de séparation de biens entre les époux et.

333—61. *Personnel.* 5e ligne. *Au lieu de* 12,000, *mettre* 15,000.

334—63. 3e §. *Rayer* Grenoble. A Pau, *substituer* Bayonne. *(Circ. du 1er mars 1860, n° 629.) Ajouter :* Chambéry, Nice. *(Déc. des 11, 12 et 18 juin 1860; circ. des 12 et 19, n°s 647 et 649.)*

P. 117, 6e §. A l'époque de la clôture d'un exercice, *V.* n° 279 T, le directeur doit veiller à ce que les droits ouverts à la charge de cet exercice soient régulièrement enregistrés, et faire mettre autant que possible les créanciers en demeure de réclamer les sommes qui peuvent leur revenir.

Le 15 septembre, au plus tard, le directeur adresse au secrétariat général, avec un relevé individuel des créances restées à acquitter, la situation finale de l'exercice expiré, résultant de tous les droits constatés et des paiements effectués. (*Circ. du secrétariat général des finances du 2 juin 1860, n° 519.*)

335—75. P. 144. A raison des dispositions adoptées, au sujet de la réserve de l'armée, pour la formation de dépôts d'instruction, les directeurs ne doivent ouvrir les cadres des brigades aux postulants faisant partie de la réserve, sauf les fils d'employés, qu'après appels temporaires pendant les trois premières années.

Ceux des préposés qui, déjà admis, devraient se rendre aux dépôts, seraient considérés comme étant en interruption de service et on maintiendrait leurs emplois en vacance à moins d'inconvénients exceptionnels.

Pour les revues semestrielles, l'absence des préposés serait autorisée avec conservation entière du traitement. (*Déc. du 5 février 1861.*)

P. 146, 5e §. Pour être admis à un emploi rétribué, les gens de mer doivent produire un certificat délivré par le commissaire de marine de leur quartier et constatant qu'ils ont réclamé leur déclassement et que, par leur classe, ils se trouvent libérés du service militaire de terre. Les directeurs ont à informer l'administration locale de la marine des nominations qu'ils ont faites et à transmettre à la 2e division, avec l'état mensuel de mutations, ces certificats qu'ils n'acceptent d'ailleurs qu'autant que les renseignements nécessaires y sont énoncés. (*Circ. manusc. du 31 janvier 1861.*)

336—93. 8e §. *Aux cinq premiers mots (1re et 2e lignes), substituer ceux-ci :* chaque année, dans le courant du mois de décembre. (*Circ. du 28 mai 1860, n° 642.*)

P. 196, 2e §, 1re ligne. *Ajouter :* au plus tard, le 1er janvier. (*Circ. du 28 mai 1860, n° 642.*)

337—94. *Aux deux premiers §§, substituer ceci :* chaque année, dans le courant du mois de juin, à l'égard des agents nommés par le directeur général ou par le ministre, il est formé une feuille individuelle de signalement, série E n° 84 A, savoir :

Par le capitaine, pour les lieutenants de sa circonscription;

Par le receveur principal, pour les employés attachés au service intérieur de son bureau et pour les agents de la visite dans les localités où, à défaut de sous-inspecteur, il est appelé à diriger et à contrôler les opérations suivies par ces agents;

Par le sous-inspecteur sédentaire, pour les employés de la visite, dans le cercle où s'exerce son action;

Par l'inspecteur ou le sous-inspecteur divisionnaire pour les capitaines, les receveurs principaux, les sous-inspecteurs sédentaires et pour les différents agents de bureau à l'égard desquels ce soin ne pourrait être pris ni par les receveurs principaux, ni par les sous-inspecteurs;

Enfin, par le directeur, pour les inspecteurs divisionnaires ou sédentaires, les sous-inspecteurs divisionnaires, ainsi que pour les commis de ses bureaux particuliers.

Ces signalements sont transmis par le directeur, avec ses observations particulières, au directeur général, au plus tard le 1er juillet; et font connaître d'une manière complète les employés que chaque chef n'aurait pas encore signalés, ou qui, déjà signalés, seraient susceptibles de motiver des notes plus ou moins favorables que les précédentes. (*Circ. du 28 mai 1860*, n° 642.)

5e §. *Rayer.*

A l'égard des agents qui, dans le cours de l'année sont, par l'effet de changement de résidence, passés sous les ordres de nouveaux chefs, le soin de fournir le signalement individuel appartient au chef ancien, si le changement ne remonte pas à plus de quatre mois, et, dans le cas contraire, au chef nouveau. (*Circ. du 28 mai 1860*, n° 642.)

358—97. Les agents des douanes doivent prêter leur concours à la surveillance et à l'entretien des lignes télégraphiques sur le littoral. (*Circ. man. du 30 janvier 1860.*)

359—108. 6e §. Les erreurs ou dissemblances majeures que les actes de naissance, de mariage ou de décès, présenteraient entr'eux dans l'indication des noms et prénoms, dates et lieux de naissance, et qui seraient de nature à faire douter de l'identité des personnes désignées pour obtenir une pension, ne peuvent être redressées que par acte de notoriété, dans la forme déterminée par l'art. 71 du code civil, à moins que l'officier qui a délivré ces actes n'opère lui-même, par renvoi approuvé et par lui contre-signé, la rectification des erreurs qu'il aurait pu commettre dans la transcription. Mais la simple omission d'un prénom, ni la suppression ou le changement d'une lettre dans les noms patronymiques, lorsque d'ailleurs il ne peut y avoir doute sur l'identité, ne donnent pas lieu à un acte de notoriété.

En cas d'impossibilité de le produire, l'acte de naissance ne peut être suppléé que par un acte de notoriété énonçant les causes d'empêchement. (*Circ. du 11 juin 1822, n° 729.*)

340—122 *bis.* Si le receveur d'un hospice civil ne veut pas donner, sur papier libre, quittance des frais dus par un préposé, le comptable des douanes peut, en refusant une quittance timbrée, se borner à indiquer le n° de l'article du registre où est inscrit le paiement. (*Déc. du 17 mars 1860.*)

341—135. P. 257, 1er §. *Ajouter :* et circ. de la compt. du 16 octobre 1860, n° 78.

3e §, 3e ligne. *Après le mot* direction *mettre :* et s'assurer que son absence ne peut avoir d'inconvénient. (*Déc. min. du 20 août 1860, transmise par circ. man. du 31.*) *Ajouter :* et déc. du 11 octobre 1860.

Lorsqu'un congé est accordé à un employé pour en profiter hors de France, il doit en être donné avis au préfet du département. (*Déc. min. du 20 août 1860, transmise par circ. man. du 31.*)

P. 260. Avant-dernier §. Un congé sans retenue d'appointements peut être accordé aux agents de brigades à la nomination du directeur et ayant moins d'une année de service, lorsqu'ils se recommandent par une bonne conduite, de l'exactitude et du zèle. (*Déc. du 12 mai 1860.*)

P. 263. 5e §. *Rayer V. n° 293 T.*

342—139. Dernier §. En matière de perception, la responsabilité du receveur est absolue, qu'il ait ou n'ait pas été consulté par les agents sous ses ordres et alors même que l'inspecteur sédentaire aurait irrégulièrement statué. (*Déc. des 23 août 1842 et 24 juillet 1860.*)

343—176. *Matériel.* 2e §, 1re ligne. *Après* laissez-passer, *mettre :* ou acquit-à-caution.

L'acquit-à-caution accompagnant les objets destinés au service est exempt de la formalité du timbre; et il en est de même pour la quittance apposée sur cette expédition. (*Lettre de la compt. gén. du 3 mars 1860.*)

Rayer les deux 1ers §§ du n° 191.

344—197. 4e §. *Visite.* La vérification des laines s'effectue sur le quai de débarquement. (*Déc. du 1er août 1860.*)

345—236. Dernier §. *Acquittement.* A raison de circonstances particulières, l'administration ne se refuse pas à autoriser des redevables à verser à la caisse d'une recette principale le montant des droits dus dans une autre principalité où le transfert a lieu par virement de fonds. (*Lettre de la compt. gén. du 22 octobre 1859.*) *V.* n° 296 T.

346—242. 5e §. *Au lieu de* 4 %, *mettre :* 3 %. (*Arrêté min. du 22 septembre 1860; circ. du 24, n° 690.*)

6e §. *Ajouter :* et circ. de la compt. du 16 octobre 1860, n° 78.

347—243. P. 351, 8e §. Pour la validité des effets de crédit, il suffit que deux des signataires aient leur domicile dans la circonscription de la recette principale. (*Déc. du 6 juin 1860.*)

348—248. 2e §, 1re ligne. *Au lieu de* 40 fr. *mettre* 10 fr. *Ajouter :* décret du 16 janvier 1861; circ. du 26, n° 727.

Ajouter aux n°s 249 et 250 : circ. du 26 janvier 1861, n° 727.

349—253. *Article relatif aux sucres.* La tare légale de 5 % est appliquée à tous les sucres non raffinés et non assimilés aux raffinés, importés en balles ou en sacs revêtus de plusieurs enveloppes. (*Déc. min. du 10 octobre 1860; circ. du 25, n° 701.*)

350—263. *Statistique.* P. 372. Les états série E n° 38 A indiquent, pour chacune des marchandises dont le mouvement est signalé, le montant total des droits perçus (principal et décimes.) (*Circ. lith. du 15 février 1861.*)

P. 374, 3e §. Les marchandises exemptes de droits à l'entrée et à la sortie figurent, à l'importation, au commerce spécial, en même temps qu'au commerce général. (*Circ. lith. du 26 juin 1860.*)

Afin de rendre suffisamment compte des mouvements de la consommation, l'administration fait comprendre aux tableaux mensuels des exportations certaines des marchandises exemptes de droits. (*Circ. lith. du 8 août 1860.*)

Les marchandises admises en transit sous simple passavant, *V.* n° 378 S, sont inscrites au commerce général, sauf à les reprendre au commerce spécial si l'expédition n'était pas renvoyée à l'expiration du délai déterminé. Pour prévenir tout malentendu, les receveurs principaux ont à joindre aux états série E n° 44 une note indiquant les dates et n°s des passavants non rentrés, les marchandises et les bureaux de sortie désignés. (*Circ. lith. du 26 juin 1860.*)

Certains produits étant, à raison de leur provenance, taxés à la valeur, tandis que les droits applicables aux produits similaires d'autres provenances restent établis d'après le poids, le nombre ou la mesure, on doit, en ce qui les concerne, indiquer la valeur, et, sur une 2e ligne, la quantité que doit comprendre le total par nature de marchandises. (*Circ. lith. du 18 février 1861.*)

351—270. *Comptabilité.* En cas d'absence des chefs division-naires, chargés d'apposer leur visa sur les comptes, bordereaux, etc., il est suppléé à ce visa par celui du directeur qui indique alors le motif de l'absence. (*Circ. de la compt. du 24 juillet 1860, no 77.*)

352—275. 2e §. *Rayer.* Les receveurs principaux rédigent leur compte de gestion dès qu'ils ont adressé à la direction le dernier bordereau mensuel de situation soit de l'exercice, soit de l'année. Ce compte, en double expédition, et les divers documents justi-ficatifs sont transmis à la comptabilité générale de manière à parvenir, la 1re partie, dans le courant du mois de septembre, la 2e, du 15 au 20 février, au plus tard. (*Circ. de la compt. du 24 juillet 1860, no 77.*)

353—286. 10e ligne. *Après le mot* localité, *mettre, en renvoi :* les receveurs qui ne résideraient pas dans la *même commune* que le percepteur devraient néanmoins suppléer celui-ci lorsque cela deviendrait nécessaire. (*Instruct. génér. min. du 20 juin 1859, art. 661 ; circ. de la compt. du 16 octobre 1860, no 78.*)

Le visa du payeur n'est pas exigé pour l'acquittement des indemnités de route dues à des militaires. Il suffit, alors, de la présentation des mandats délivrés soit par les intendants ou les sous-intendants militaires, soit par les sous-préfets, quand ils les remplacent. (*Mêmes inst. et circ.*)

354—289. Pour les dépenses du matériel, les quittances doivent être données à la suite des factures ou des mémoires, et non sur les liquidations. (*Lettre de la compt. gén. du 6 décembre 1860.*)

Lorsque le montant d'une quittance est imputable partie sur une dépense du Trésor, partie sur les fonds de masse, le comp-table doit, à la suite de la signature, établir le décompte de chaque nature de paiement. (*Lettre de la compt. gén. du 17 dé-cembre 1860.*)

Les acquits doivent, en indiquant au besoin le payeur intermé-diaire, être donnés au nom du receveur principal chargé de pourvoir à la dépense définitive. (*Lettre de la compt. gén. du 15 mai 1860.*)

355—293. P. 395, 2ᵉ §, 3ᵉ ligne. *Après le mot* absence, *mettre :* c'est-à-dire, en cas de congé, la date du départ, celle du retour et le taux de la retenue. *Au mot* date, *ajouter :* et le montant. (*Circ. de la compt. du* 16 *octobre* 1860, nᵒ 78.) Pour les augmentations de traitement en cas de congé, *V.* nᵒ 135, P. 256.

Il doit être produit à l'appui des rôles d'appointement une copie des autorisations en vertu desquelles il a été accordé des congés sans retenue de traitement.

Les retenues prescrites par mesures disciplinaires figurent distinctement aussi sur les rôles.

Quand des retenues pour dettes sont exercées sur les traitements d'activité, par suite de saisies-arrêts, il faut inscrire, sur une ligne, les sommes revenant aux employés, et sur une seconde, le montant des versements opérés à la caisse des dépôts et consignations. Les ayants-droit n'émargent alors que pour ce qu'ils touchent réellement, et les récépissés de versement servent de justification pour le complément de la dépense. (*Circ. de la compt. du* 16 *octobre* 1860, nᵒ 78.)

4ᵉ §. En cas d'augmentation de traitement, le chiffre du 1ᵉʳ douzième est de 3ᶠ96 pour 50 francs, de 7ᶠ92 pour 100 francs, de 11ᶠ88 pour 150 francs. (*Circ. de la compt. du* 16 *octobre* 1860, nᵒ 78.)

P. 398, 6ᵉ §. Quand la nécessité de transmettre les pièces à la direction pour faire mandater la dépense, oblige les comptables d'arrêter leurs écritures trop tôt pour pouvoir y comprendre les appointements d'agents qui n'auraient ni émargé, ni fourni quittance, ces appointements ne sont payés et compris parmi les dépenses publiques que le mois suivant, à moins qu'on ne les porte provisoirement aux avances à régulariser. (*Circ. de la compt. du* 16 *octobre* 1860, nᵒ 78.)

Police des frontières.

356—319. Lorsque les conditions de leur service l'exigent et s'il n'existe pas de passage public, les préposés des douanes ont le droit de traverser les propriétés particulières situées sur le bord de la mer; et il y a, à ce sujet, nécessité actuelle et urgence par cela seul qu'ils accomplissent leur mission. Le refus positif, sur le terrain, de les laisser passer constitue un acte d'opposition et ne peut être excusé par ce motif que l'intéressé n'aurait agi que dans l'unique but d'empêcher l'établissement, sur sa propriété, au profit des douanes, d'un droit de passage permanent. (*Arrêt de C. du 20 juin 1860; circ.* n° 687.)

357—330. Pour la circulation dans le rayon des douanes, les marchandises exemptes de droits tant à l'entrée qu'à la sortie sont affranchies de la formalité du passavant. (*Déc. du 11 octobre 1860.*)

Importations.

358—498. Le bénéfice de la réfaction des droits résultant des articles 51 à 59 de la loi du 21 avril 1818 n'est pas applicable aux cafés, aux cacaos et aux thés. (*Loi du 23 mai 1860, art. 5; circ.* n° 641.)

359—563. *Transports internationaux par chemins de fer.* Quelle que soit la cause de la rupture du plombage, le bureau de destination doit, dans les certificats de décharge, faire réserve des droits à exercer à la douane de départ, sauf aux chefs à apprécier ultérieurement les circonstances pour formuler leurs conclusions. (*Déc. du 26 septembre 1860.*) V. n° 69 S.

La simple rupture du plombage peut donner ouverture aux pénalités indiquées au n° 533 T pour déficit de colis (n° 44 du tableau des infr.; circ. n° 2046). V. n° 559 T. En cas de substitution deux actions sont exercées : l'une, au bureau d'expédition pour défaut d'acte de décharge de l'acquit-à-caution; l'autre, à la douane de destination pour tentative d'introduction de marchandises non déclarées. (n° 43 du tableau des infr.) V. n° 533 T et 449 S. (*Déc. du 22 février 1860.*)

Lorsqu'une rupture de plombage a été reconnue sur un waggon circulant sous le régime du transit international par chemin de fer, le bureau de départ, à vue des réserves insérées à cet égard, par la douane de destination, dans le certificat de décharge de l'acquit-à-caution, fait souscrire au représentant de la compagnie une soumission de s'en rapporter à la décision de l'administration, ce qui dispense de décerner contrainte. (*Déc. du 22 septembre 1860.*)

360—569. Art. 5, avant-dernier §. *Rayer à partir des mots* et moyennant.

Dernier §. *A la première ligne, substituer ceci :* Le prix du timbre de 75 cent. est porté en recette. (*Déc. du 3 octobre 1860.*)

361—576. *Ajouter* : Frangy, Pont-de-la-Caille, Chambéry, Saint-Jean-de-Maurienne, Lanslebourg, Menton, Saint-Martin-Lantosca (*Circ.* n° 649), Le Plat, Fontan (*Circ.* n° 707).

362—579. Note, 1er §, 3e ligne. *Ajouter* : Chambéry, Nice, Alger. (*Circ. du* 1er *octobre* 1860, n° 695.)

363—580. 2e §. *Ajouter* : Saint-Nazaire (*Décret du* 4 *juin* 1860; *circ.* n° 646), Pont-de-la-Caille, Chambéry, Saint-Jean-de-Maurienne, Lanslebourg, Nice (*Circ.* n° 649.)

364—581. *Ajouter* : Pont-de-la-Caille, Chambéry, Saint-Jean-de-Maurienne, Lanslebourg. (*Circ.* n° 649.)

365—582, 584. *Rayer, par application du décret du* 1er *août* 1860, *circ.* n° 670.

366—586. 2e §. *Ajouter* : Pont-de-la-Caille, Chambéry, Saint-Jean-de-Maurienne, Lanslebourg. (*Circ.* n° 649.)

367—597. A raison des réductions de droits déterminées par le traité de commerce rappelé au n° 429 S, et en vue d'épargner aux intéressés des frais et une perte de temps, le service tolère, à l'égard des importations d'Angleterre, que des outils diversement taxés soient placés dans un même colis, sauf à les séparer par catégories de manière à prévenir les lenteurs d'une vérification qui serait précédée d'un triage. Mais les déclarations ne doivent pas moins indiquer le poids distinct de chaque catégorie. (*Déc. du* 10 *janvier* 1861.)

368—616. *Contrebande.* 1er §. Aucune loi n'ayant déterminé, V. n° 610, de quelle manière serait estimée la valeur des marchandises, servant de base à l'amende, les juges du fait ont un pouvoir souverain pour l'arbitrer d'après les éléments de l'instruction et les calculs qu'ils croient le plus propres à procurer un résultat exact. (*Arrêt de C. du* 12 *août* 1859; *circ. du* 14 *février* 1860, n° 625.)

369—626. 1er §. L'arrêt qui constate l'existence d'une vaste entreprise de contrebande, ayant pour objet l'introduction frauduleuse de marchandises prohibées, n'a pas besoin de rechercher si les prévenus ou quelques-uns d'entre eux y ont pris part hors du rayon frontière; il suffit que cet arrêt déclare qu'ils y ont tous participé sciemment, les uns comme entrepreneurs ou intéressés, les autres comme assureurs.

La participation aux moyens de faciliter le transport des marchandises introduites en fraude et leur arrivée à destination n'est pas exclusive de la qualité d'entrepreneur, relativement au fait de contrebande ; cette qualité, au contraire, en devient la preuve, lorsqu'il est constaté que la participation a procuré des remises ou des primes d'où résulte un intérêt dans l'entreprise. (*Arrêt de C. du 12 août 1859; circ. du 14 février 1860, n° 625.*)

Entrepôts.

370—225 S. 1er §. *Ajouter :* et circ. lith. du 26 juin 1860.

371—713 T. 1er §. *Ajouter :* et circ. du 26 juin 1860, n° 651.

372—737. 2e nomenclature. *Ajouter :* peaux brutes, grandes, sèches. (*Déc. du 27 mars 1860.*)

373—763. 4e ligne. *Ajouter :* Nice. (*Décret du 11 août 1860; circ. du 22 septembre 1860, n° 689.*)

Dernière ligne. *Ajouter :* Douai. (*Décret du 30 juillet 1860; circ. du 21 septembre 1860, n° 688.*)

Transit.

374—791 *bis.* Les tireurs venant de l'étranger pour concourir aux exercices du tir national de Vincennes peuvent introduire en France leurs armes et un kilogramme chacun de poudre, sous la seule formalité d'un acquit-à-caution garantissant la réexportation des armes dans un délai de deux mois et la production, afin de justifier de l'emploi régulier de la poudre, d'un certificat du comité-directeur constatant que l'importateur a figuré au tir. (*Déc. min. du 17 septembre 1860, transmise le 18.*)

Dans le cas d'impossibilité de trouver une caution, remise serait faite des armes et des munitions sous la consignation des droits ou de la valeur, selon qu'elles seraient admissibles ou prohibées, pour restitution, après accomplissement des formalités ainsi déterminées.

Si les armes offraient des traces évidentes de service, on pourrait d'ailleurs les admettre en franchise de droits et sans aucun engagement. (*Déc. du 11 octobre 1860.*)

375—805. 3e §, 8e ligne. *Ajouter :* s'il s'agit de recourir aux commissaires-experts du gouvernement, ou, dans le cas contraire, au directeur du bureau de départ. (*Circ. du 26 juin 1860, n° 651.*)

5e §, 7e ligne. *Aux mots* l'administration, *substituer ceux-ci :* le directeur.

Dernière ligne. *Rayer les quatre derniers mots et mettre :* le directeur du bureau de sortie, d'après les renseignements transmis par son collègue, autorise l'annulation de la soumission spéciale. (*Circ. du 26 juin* 1860, n° 651.)

376—817. Dernier §. *Ajouter :* ni pour les marchandises accompagnées de passavants. *V.* n° 378 S. (*Circ. du 26 juin* 1860, n° 651.)

377—846. *Rayer à partir du* 2e §, *sauf les indications relatives à :* 1° viandes en saumure ; 2° poissons en saumure ; 3° tabacs fabriqués ou autrement préparés ; 4° matériaux non emballés ; 5° fluides et liquides (*rayer à la* 5e *ligne les mots* double... double); 6° graisses ; 7° huiles de toute sorte ; 8° fontes, fers, etc. (2e §, *rayer à la* 3e *ligne les mots* double... double ; *et ajouter à l'article :* pour le fer-blanc et les tôles, *V.* n° 808 T); 9° voitures ; 10° armes et munitions de guerre (3e §, *Ajouter :* sous le régime du prohibé; circ. du 26 juin 1860, n° 651). Peuvent d'ailleurs être admis au transit, sans autorisation du département de la guerre, les cartouches composées de poudre ordinaire; les charges exclusivement composées de poudre fulminante avec balle, assimilées ici aux capsules de chasse, et les culots de toute dimension (*Circ. du 13 février* 1861, n° 733). 11° contrefaçons en librairie. (*Circ. du 26 juin* 1860, n° 651.)

378—847. Le tableau annexé à la circ. du 26 juin 1860, n° 651, indique les formalités à remplir pour l'expédition en transit des marchandises.

Toutes les marchandises, même celles mentionnées à ce tableau, alors qu'elles sont exemptes de droits *à l'entrée* et similaires de marchandises d'origine nationale affranchies de taxes *à la sortie* soit à titre absolu, soit en raison de leur provenance ou du mode d'importation, sont affranchies, en tous points, des formalités afférentes au transit (sauf la déclaration et la vérification).

Celles, quelles qu'elles soient, qui sont exemptes de droits *à l'entrée* (1), et soumises seulement à des droits de sortie, doivent être expédiées avec simple passavant (2) et sans plombage.

---

(1) Toutefois, pour les boissons de toute sorte, même celles exemptes de droits de douane à l'entrée, c'est l'acquit-à-caution qui doit être employé en vue de garantir les intérêts confiés au service des contributions indirectes. (*Circ.* n° 651.) *V.* n° 846 T.

(2) Le commerce a la faculté de faire comprendre cumulativement dans un même acquit-à-caution, avec des marchandises soumises au régime de l'acquit-à-

L'expédition peut, d'ailleurs, en avoir lieu indifféremment en caisses, balles ou futailles. (*Déc. min. du* 31 *mai* 1860; *circ. du* 26 *juin* 1860, n° 651.) (1)

Quant aux autres marchandises passibles de droits à l'entrée et à la sortie, et qui ne sont pas désignées à ce tableau, elles restent assujéties aux conditions générales déterminées par les lois des 17 décembre 1814, 9 février 1832 et autres relatives au transit. Elles doivent notamment être mises sous plomb, à moins qu'elles ne soient pas susceptibles d'être emballées. *V.* n°s 807, 809 et 810 T.

Toutes les fois que le commerce en fait la demande, le second emballage et le second plombage peuvent être remplacés par le prélèvement d'un échantillon. *V.* n° 808 T.

Le mot *exclu* indique les marchandises dont le transit est interdit. Les lettres D P E désignent les marchandises qui sont assujéties au double plombage et au prélèvement d'un échantillon; les lettres D P, celles qui sont seulement astreintes au double plombage; la lettre P, les produits qui ne sont passibles que du simple plombage; les lettres E P, les marchandises soumises au simple plombage et qui doivent être accompagnées d'un échantillon; la lettre E, celles pour lesquelles il n'y a lieu qu'au prélèvement d'un échantillon, sans plombage des colis.

Un astérisque*, placé avant le nom des marchandises, indique qu'elles ne peuvent être expédiées qu'en caisses; deux astérisques**, qu'elles ne peuvent être mises qu'en caisses ou balles; le signe +, qu'elles doivent être reçues en caisses ou futailles; le signe °, qu'elles peuvent être expédiées en caisses, balles ou futailles. (*Circ. du* 26 *juin* 1860, n° 651.)

379—848. 2° §. *Ajouter :* Frangy, Pont-de-la-Caille*, Chambéry*, Saint-Jean-de-Maurienne*, Menton (par Garavano), (*circ.* n° 649), Lanslebourg* (*circ.* n° 664), Le Plat, Fontan* (*circ.* n° 707).

380—850. *Rayer :* laines, sucres, cacaos, cafés, vanille, ca-

---

caution, d'autres marchandises qui ne comporteraient qu'un passavant; mais, dans aucun cas, on ne procédera en sens inverse. (*Circ.* n° 651.)

(1) Pour les marchandises assujéties au simple passavant, on applique le mode adopté relativement au cabotage : la déclaration est produite en double expédition (série M n° 53 *ter*) dont l'une non timbrée reste à la douane, et l'autre, portant le timbre de 5 centimes, sert comme passavant. *V.* n° 95 à 98 et 104 S. (*Circ.* n° 651.)

nelle, girofle, muscade, macis, poivre, piment, thé. (*Circ. du 26 juin 1860*, n° 651.)

Ajouter : pour les pierres lithographiques brutes non emballées, *V.* n° 809 T.; au sujet des fontes, fers, fer-blanc et tôles, *V.* n° 846 T.

Admissions temporaires.

381—851. Note 1. *Ajouter :* Comme pour le transit, on n'exige qu'une seule caution sur place, la responsabilité du principal obligé, s'il réside dans une autre localité, étant engagée par la signature de la personne munie de sa procuration qui reste déposée en douane. *V.* n° 46 T. (*Circ. du 31 janvier 1861*, n° 728.)

382—862. Lorsque la fausse déclaration concerne la totalité des produits admis temporairement, l'acquit-à-caution, dûment annoté, est retenu par le bureau de sortie pour être immédiatement renvoyé au bureau d'importation; si elle tendait à un règlement partiel, l'acquit-à-caution serait annoté et rendu à l'intéressé. La contrainte pour l'application de la loi du 5 juillet 1836 serait délivrée au bureau d'entrée à vue, dans le premier cas, de l'acquit-à-caution, dans le second, d'une copie du procès-verbal rédigé au bureau de sortie chargé d'exercer les poursuites en vertu de la loi du 22 août 1791. (*Déc. du 10 février 1860.*)

383—870. 1er §, 1re ligne. *Ajouter :* de toute espèce, soit d'arachides. (*Déc. min. du 8 mai 1860; circ. du 21*, n° 640.)

Dernier §. *Ajouter :* et circ. du 21 mai 1860, n° 640.

Les huiles réexportées après épuration doivent être de même espèce et qualité que celles admises à l'état brut. (*Déc. du 8 février 1860.*)

384—871. 2e ligne. *Ajouter :* de navette de Russie, dite graine de ravison.

Avant-dernier §. *Ajouter :* navette de Russie, dite graine de ravison, à 19 p. %. (*Décret du 25 juillet 1860; circ. du 7 août suivant*, n° 669.)

Exportations.

385—908. 5e §. *Rayer :* bois de chêne à construire, houille, coke, et cendre de houille.

386—925. 2e §. *Rayer :* bois à brûler, charbons de bois et de chènevottes, perches, écorces à tan. (*Loi du 14 juillet 1860; circ.* n° 657.) minerais de fer. (*Décret du 21 novembre 1860; circ.* n° 710.)

Navigation.

387—1082. P. 95. Navires *sardes*. Paquebots de l'État affectés au transport des dépêches et des voyageurs (*V.* n° 393 S).... exempts. (*Convention du 4 septembre 1860; décret du 24 novembre 1860; circ. du 15 décembre 1860, n° 713.*)

388— P. 97. Navires *nicaraguayens*. En relâche soit ordinaire, dans les ports, pourvu qu'il ne s'effectue aucun chargement ni déchargement, soit forcée, V. note 21...... exempts.

Dans tout autre cas...... assimilés aux navires français. (*Traité du 11 avril 1859, art. 11 et 12; décret du 21 janvier 1860; circ. du 13 février 1860, n° 624.*)

389— *Salvadoriens*....... assimilés aux navires français. (*Traité du 2 janvier 1858, art. 12; décret du 3 mars 1860; circ. du 21, n° 631.*)

390— *Ajouter, pour l'exemption de taxes au cas de relâche forcée seulement :* navires des îles Sandwich. (*Traité du 29 octobre 1857, art. 13; décret du 21 janvier 1860; circ. du 27 mars 1860, n° 632.*)

391— P. 100. *Ajouter :* nicaraguayens. (*Décret du 21 janvier 1860.*)

Salvadoriens. (*Décret du 3 mars 1860.*)

392—251 S. 4ᵉ ligne. *Ajouter :* Suède et de Norwège. (*Circ. du 29 novembre 1860, n° 711.*)

393—(38 *bis*). Les paquebots appartenant à la Sardaigne, ou frétés et subventionnés par cet État, affectés au transport des dépêches, sont exempts de tous droits de tonnage et de navigation, V. 387 S, à moins qu'ils ne prennent ou ne débarquent des marchandises, cas auxquels ils sont traités comme les bâtiments nationaux.

Ils peuvent, dans les ports où ils abordent, d'ordinaire ou accidentellement, embarquer ou débarquer des espèces ou matières d'or ou d'argent, ainsi que des passagers, de toute nation, avec leurs hardes ou effets personnels.

Ils peuvent aussi, sans mouiller, s'ils le jugent convenable, envoyer ou faire prendre en rade ou à portée des ports, la correspondance et les passagers. (*Convention du 4 septembre 1860; décret du 24 novembre 1860; circ. du 15 décembre 1860, n° 713.*)

Sels.

394—1133. En cas de notoriété de non production de sels sur les marais pendant plusieurs années successives, l'administration, appréciant les faits, autorise parfois, exceptionnellement, les intéressés à y recevoir, par cabotage, et à mettre en dépôt, des sels provenant des autres salins. Le cabotage s'effectue sous les conditions ordinaires; au débarquement, l'on procède à la vérification intégrale; à la sortie du nouveau salin, pour chaque chargement, au fur et à mesure des enlèvements, il n'est accordé que le boni proportionnel dont l'existence a été constatée à l'arrivée. A cet effet, il est tenu un compte de dépôt, et toute quantité de sel sortie postérieurement du salin est imputée sur le chargement jusqu'à épuisement complet. Les receveurs dressent, à la fin du mois, pour être transmis à l'administration par l'intermédiaire du directeur, un relevé du compte ainsi ouvert. (*Déc. du* 16 *octobre* 1860.)

395—1172. 2e §. *Au lieu de* 4 °/o, *mettre* 3 °/o. (*Arrêté min. du* 22 *septembre* 1860; *circ. du* 24, n° 690.)

396—1175. 1er §. *Ajouter :* L'escompte n'est alors liquidé qu'au moment de l'acquittement des effets de crédit. (*Circ. de la compt. du* 16 *octobre* 1860, n° 78.)

1er § du n° 1176. *Ajouter :* et circ. de la compt. du 16 octobre 1860, n° 78.

397—1272. *Ajouter :* Nice. (*Décret du* 11 *août* 1860; *circ. du* 22 *septembre* 1860, n° 689.)

398—1299. 2e §. *Ajouter :* et circ. de la compt. du 16 octobre 1860, n° 78.

399—1361. P. 196, avant-dernier §. A la sortie de l'atelier, l'allocation de sel se règle d'après le poids total de la sardine et de la boîte en fer-blanc quand il s'agit de préparations à l'huile, et suivant le poids net à l'égard des sardines salées et expédiées en saumure.

Lorsque des sardines salées dans un atelier doivent être confites à l'huile sur un autre point, l'expédition s'effectue, savoir, si le second atelier est situé dans le port de pêche où se trouve le premier, en vertu d'un passavant qui, après avoir reçu un certificat de prise en charge à l'arrivée, justifie la décharge au départ; ou avec un acquit-à-caution quand le second atelier est dans un autre port; et à destination d'une localité autre qu'un port de pêche, sous passavant motivant la décharge dès qu'il est rapporté revêtu d'un certificat constatant la sortie de la commune. (*Déc. du 20 janvier 1838.*) *V.* n° 1441, 1442.

Dans les années où les établissements de conserves à l'huile ne peuvent être suffisamment approvisionnés de sardines rapportées à l'état frais par les barques de pêche de la localité, l'administration ne se refuse pas à autoriser les intéressés à faire pêcher, à une certaine distance, des poissons pour la conservation desquels il est employé à bord une quantité de 22 ou de 35 kilogrammes de sel par 100 kilogrammes de sardines, selon que la salaison en atelier s'effectue en cuves ou en paniers; l'acquit-à-caution est déchargé en conséquence.

Lorsque la pêche ne peut s'opérer qu'à une grande distance, l'administration permet exceptionnellement qu'il soit fait usage à bord de 75 kilogrammes de sel par 100 kilogrammes de sardines, mais il faut alors que l'embarcation ait été expédiée, avec un compte-ouvert, sous le régime de la petite pêche. Par mesure d'ordre, la charge de l'atelier, comme la décharge, se règle d'après l'allocation de 22 ou de 35 kilogrammes de sel. (*Déc. du 5 novembre 1860.*)

Note 1. Les gros poissons (lieux, merluches, etc.) salés en barils (saumurage dans des cuves et paquage) donnent ouverture à une allocation de 55 kilogrammes de sel pour 100 kilogrammes de poissons. (*Déc. min. du 23 juillet 1860; circ. man. du 31.*)

400—1369. 2e §. *Ajouter :* Saint-Valery-sur-Somme, Ouistreham. (*Décret du 16 août 1860; circ. du 31, n° 682.*)

401—1419. En cas de modification dans les conditions d'une allocation, les salaisons effectuées avant le recensement spécial et existant en atelier sont traitées selon les anciens règlements. (*Déc. du 31 juillet 1860.*)

Régimes spéciaux.

402—1472. *Corse. Après* marinés (3e ligne), *mettre :* et stockfish.

1473. 4e §. *Ajouter :* stockfish. (*Circ.* n° 709.)

5e §. *Ajouter :* Sagone. (*Décret du 18 septembre 1860; circ. du 28, n° 692.*)

1474. 2e §. *Rayer à partir des mots :* et l'écorce.

3e §. *Rayer.* (*Circ.* n° 709.)

403—1477. 2e, 4e et 7e §§. L'expédition, de Corse en France,

2

des marchandises nationales ou nationalisées, s'effectue sous le régime général du cabotage avec passavant ou acquit-à-caution, V. n° 965.

Mais les déclarants, dans les cas où cette formalité est prescrite, continuent à produire, au moment de l'embarquement en Corse, des certificats d'origine délivrés par les autorités locales. (*Déc. min. du 31 août 1860; circ. du 15 septembre 1860, n° 684.*)

2e §, 4e ligne. *Ajouter :* Nice. (*Circ.* n° 649.)

404—1483. *Iles.* 1er §. *Ajouter :* Ile Dieu. (*Circ. man. du 30 avril 1860.*)

1486. 2e §. *Rayer :* Ile Dieu.

1487. *Rayer.*

405—1491. *Algérie.* Les droits de navigation ne sont dûs qu'une fois pour le navire étranger qui pratique une seule opération de cabotage. (*Déc. du 13 octobre 1860.*)

406—1493. 4e §. *Par application de l'art. 2 du décret du 11 février 1860, rayer :* bois communs, étain, zinc.

Rayer les 7e *et* 8e §§.

Note 1, P. 252. *Ajouter :* pour l'application en Algérie du traité de commerce conclu avec l'Angleterre le 23 janvier 1860, V. n° 435 S.

407—1501. 2e §. *Rayer :* écorces à tan. (*Circ.* n° 717.)

408—1506. 1er §. *Ajouter :* Décret du 25 juin 1860, art. 3 et 4; circ. n° 658.

Après le 2e § *du* n° 121 S, *mettre :* La frontière sud de l'Algérie, depuis Géryville jusqu'à Biskra, est ouverte à l'importation, en franchise de droits, des produits naturels et fabriqués originaires du Sahara et du Soudan. (*Décret du 25 juin 1860, art. 1er; circ du 24 juillet 1860, n° 658.*)

3e § du n° 121 S. A Tunisie *ajouter :* V. n° 1507 T, ou du Sahara et du Soudan, V. n° 408 S.

409—1508. 1er §, 6e ligne. *Ajouter :* Collo. (*Décret du 6 mars 1860; circ. du 12 avril suivant, n° 635.*)

410—1513 *bis.* Les produits ci-après désignés doivent, à leur importation d'Algérie en France, être soumis aux taxes suivantes :

Soude naturelle. . . . . 3f 60c les 100 kil.

Savons autres que de parfumerie..........
- blancs ou marbrés composés d'alcalis et d'huile d'olive, ou de graines grasses seules ou mélangées de graisses animales
  - L'huile entrant pour la moitié au moins dans le mélange des corps gras.... 6 80 } les 100 kil.
  - L'huile entrant pour moins de moitié.. 5 00
- de graisses animales...........
  - purs................. 5 00
  - mélangés de résine 3 25

Liqueurs alcooliques. . . . . 6f 25 l'hect.

(*Décret du 11 février 1860, art. 3, tableau C; circ. du 28, n° 627; décret du 11 août 1860; circ. du 21, n° 677; et décret du 5 janvier 1861, circ. n° 720.*)

411—1514. 2e §. *Ajouter à la 6e ligne, au renvoi :* ainsi que le chanvre et le lin, *et à la 11e ligne :* Le suif simplement refondu est considéré comme brut. (*Circ. du 28 février 1860, n° 627.*)

Ajouter à ce § : Plumes d'oiseaux, à écrire; soies moulinées; cire brute de toute sorte; orge perlée; pain et biscuit de mer; conserves alimentaires; olives en saumure ou à l'huile; graines de sorgho entières;

Résines
- d'exsudation :
  - brutes Résine molle.
  - Poix galipot.
  - épurée Térébenthine.
  - Compacte ou liquide.
- de combustion :
  - Brais gras.
  - Goudron.
- distillées :
  - Essence de térébenthine.
  - Résidus de distillation.
  - Brai sec, colophane, résine d'huile.

Graisses de poisson de pêche algérienne; bois communs de toutes sortes, bruts, équarris ou sciés; henné en feuilles pour la teinture; drinn en feuilles; garance moulue; marbres sciés et travaillés; or brut; argent brut;

Fer, fonte brute non aciéreuse en masses pesant 15 kilogrammes ou plus.
- étiré en barres plates, carrées ou rondes.
- platiné ou laminé, noir, tôle.
- étamé (fer-blanc), plombé, cuivré ou zingué.

Acier,
- en barres de toute espèce.
- en tôle de toute espèce.

Cuivre pur ou allié de zinc ou d'étain, de première fusion en
masses, barres ou plaques.
laminé en barres ou en
planches.

Étain brut et battu ou laminé; zinc brut ou laminé; antimoine
métallique (régule). (*Décret du 11 février 1860, art. 1er, tableau
A; circ. du 28, n° 627.*)

Même n°, dernier §. *Ajouter :* Potasse brute; extrait colorant
de la graine et de la plante de sorgho à l'état liquide; carmin;
noir animal; parfumerie : eaux distillées et de senteur, avec ou
sans alcool, vinaigres parfumés, pâtes liquides ou en pain, savons
liquides, en poudre, pains ou boules, poudres de senteur, pom-
mades de toutes sortes, fards et pastilles odorantes à brûler;
amidon; cire ouvrée (bougies, etc.); acide stéarique ouvré (bougies stéarines, etc.); chandelles; vins ordinaires et de liqueurs;
vinaigres; alcools de toute sorte; poteries de terre grossière et
faïence commune; fils, nattes, tresses ou cordages de crin, de
palmier nain, d'alpha et d'aloës; carton; papier; pelleteries ou-
vrées; liége ouvré (en bouchons, etc.); ouvrages en bois de toute
sorte; meubles de toute sorte; librairie en feuilles; orfévrerie et
bijouterie d'or, de vermeil ou d'argent; brosserie de palmier nain
et de drinn; blagues à tabac, brodées or, soie et argent, sur
cuir et sur tissu; bourses en soie, façon de Tunis; bracelets et
cordons en passementeries arabes; chachias en velours; chapeaux
du Sahara en paille ou sparte avec plume d'autruche; coussins
en cuir ou en velours brodés d'or et d'argent; coussins en drap, le
drap valant moins de 4 francs le kilogramme; éventails brodés
d'or et d'argent, en plumes d'autruche, en paille; ouvrages en
marqueterie indigène ou en mosaïque arabe; lanternes mauresques;
œufs d'autruche peints et garnis; paniers et corbeilles de nègre
avec franges et tressages en drap; pantoufles pour hommes et
pour femmes, unies ou brodées or et argent, sur cuir et sur velours; porte-cigares, porte-monnaies brodés or ou argent sur
cuir ou sur velours; poupées en costumes indigènes; tuyaux de
pipes en bois, garnis ou non, et pipes arabes; cannes en bois
de myrte et autres; plateaux en cuivre ciselé; passementeries
arabes, laine et soie, or et soie, tout or (la laine entrant pour
moins de moitié dans le mélange); ganduras (espèce de grandes
tuniques sans capuchons, en laine mélangée de soie, la laine
entrant pour moins de moitié dans le mélange); chapelets arabes;
instruments de musique arabes; fichus de soie lamés d'or et

d'argent. (*Décret du 11 février 1860, art. 1er, tableau B; circ. du 28, n° 627.*)

On admet en franchise les bouteilles pleines de vins ou de liqueurs alcooliques. (*Déc. du 28 août 1860.*)

Les ouvrages d'or et d'argent, expédiés d'Algérie en France, sont soumis aux mêmes formalités que s'ils étaient importés de l'étranger.

Mais quand ceux revêtus du poinçon légal en usage dans la métropole, *V.* n° 2090, ou dans la colonie, *V.* n° 2088, arrivent de l'Algérie accompagnés d'un certificat des bureaux de garantie et sous le plombage intact de la douane de départ, on les affranchit en France de la présentation à un bureau de garantie. (*Déc. du 26 juillet 1860.*)

412—1515. 2e ligne. *Ajouter :* ou des taxes spéciales. (*Circ. du 28 février 1860, n° 627.*)

413—1525 *bis.* La partie de la Savoie située au-delà de la ligne des douanes est placée sous le régime exceptionnel établi pour le pays de Gex. (*Décret du 12 juin 1860, art. 3; circ. du 19, n° 649; arrêté min. du 23 juillet 1860; circ. n° 667.*)

414—1589. *Colonies.* P. 283. Riz, de toute provenance, par navires français, exempts; par navires étrangers, 25 cent. les 100 kilogrammes. (*Loi du 24 juillet 1860; circ. n° 665.*)

Morues de pêche étrangère,...... 3f. les 100 kilogrammes. (*Loi du 28 juillet 1860, art. 2; circ. n° 681.*)

Même n° et 1595. Froment et maïs, l'hectolitre en grains, les 100 kilogrammes en farine; légumes secs et leurs farines, les 100 kilogrammes, par navires français, exempts; par navires étrangers, 2f. (*Loi du 24 juillet 1860; circ. n° 665.*)

Les machines et mécaniques, et les objets en fonte, en fer ou en tôle, propres à l'exploitation des sucreries, peuvent être importés directement de l'Étranger aux colonies françaises moyennant le paiement des droits et l'accomplissement des conditions en vigueur dans la métropole. (*Décret du 29 septembre 1860; circ. n° 700.*)

415—1630. *Naufrages. Ajouter :* aux consuls nicaraguayens. (*Traité du 11 avril 1859, art. 26; décret du 21 janvier 1860; circ. du 13 février 1860, n° 624.*)

Aux consuls salvadoriens. (*Traité du 2 janvier 1858, art. 30; décret du 3 mars 1860; circ. du 21, n° 631.*)

Aux consuls des îles Sandwich. (*Traité du 29 octobre 1857,* art. 24; *décret du 21 janvier 1860; circ. du 27 mars 1860, n°. 632.)*

416—1650. Le tabac en feuilles recueilli après naufrage et abandonné par les intéressés comme étant sans valeur doit être livré aux manufactures de l'État. Lorsqu'il est avarié, un échantillon est adressé à la 1re division, 2e bureau, qui le soumet à l'examen du service des tabacs; et si l'on reconnaît que le tabac ne peut être employé utilement dans les fabrications de la régie, l'administration des douanes autorise la destruction en présence de ses agents. (*Déc. du 2 août 1860.*)

417—1657. L'indemnité de séjour ou pour vacation est due à compter du jour de l'arrivée inclusivement jusqu'au jour de départ exclusivement. Lorsque l'aller et le retour se font dans la même journée, l'indemnité est réduite de moitié. (*Déc. du 8 février 1860 rappelant les dispositions de l'art. 10 d'un décret du 1er octobre 1851.*)

418—1689. *Primes. 1er §. Mettre en note.* Il existe des dispositions spéciales au sujet des primes pour les *sucres raffinés* exportés directement tant par mer que par convoi international de chemins de fer.

Pour toute prime de 600 francs et au-dessus, résultant au besoin du cumul de plusieurs expéditions régularisées dans une période de huit à dix jours, les receveurs principaux des douanes émettent des mandats à deux mois, à dater de la liquidation arrêtée par le directeur, soit sur leur caisse, soit sur celles de leurs collègues, selon la convenance des ayants-droit.

Ces mandats sont transmissibles par voie d'endossement et affranchis du timbre en vertu de la loi du 13 brumaire an VII et de l'ordonnance du 10 octobre 1834, comme n'étant qu'un mode de paiement employé par l'État pour se libérer de sa dette.

Remis aux ayants-droit contre quittances motivées, ils figurent immédiatement en dépense au compte du Trésor.

L'imputation des primes aura toujours lieu alors sur le bureau de douane où l'expédition aura pris naissance et où elle sera renvoyée revêtue des certificats de sortie. A cet effet, les liquidations seront établies par le receveur sur un état série M n° 57, en y groupant, sous une accolade, celles d'un même titulaire, de manière à n'avoir qu'un mandat collectif à lui délivrer. Ces états de liquidation provisoire seront sans retard transmis, avec les pièces à l'appui, au directeur qui, après les avoir contrôlés et arrêtés, les renverra au comptable avec un bordereau portant autorisation de mandater (série M n° 55 *bis* ou 55 *ter*).

Les déclarations doivent contenir l'indication reproduite sur le passavant que l'intéressé demande que le paiement de la prime soit affecté sur la recette principale de (*celle du bureau d'expédition*) et effectué en un mandat sur cette recette *ou* sur la caisse du receveur principal à.....

Le déclarant sera réputé titulaire de la prime et désigné comme tel sur le passavant ou le permis, à moins que le véritable titulaire n'ait son domicile à la résidence même du receveur.

A la fin de chaque mois, les pièces de dépenses provisoires, accompagnées d'une copie de chaque état de liquidation, seront adressées à l'administration, qui les fera parvenir à la comptabilité générale en y joignant les ordonnances de paiement. (*Décis. min. du 31 janvier 1860; circ. du 6 février suivant*, n° 623.)

419—1693. 1er tableau, 3e colonne. *Aux chiffres* 75, 78, *substituer* 76, 80. *Ajouter* : et loi du 23 mai 1860, art. 7; circ. du 23, n° 641.

Au 2e tableau, substituer celui-ci :

Tableau des drawbacks afférents aux sucres raffinés et candis, par application de la loi du 23 mai 1860, et du décret du 16 janvier 1861.

DÉSIGNATION DES SUCRES NON RAFFINÉS dont LES PRODUITS SONT ADMIS AU DRAWBACK.	QUOTITÉ DES DROITS par 100 kilog. de sucre raffiné (les décimes non compr.)	QUOTITÉ DES DRAWBACKS par 100 kilogrammes de sucre raffiné.	
		Mélis ou candi (rend^t 76 p. °/°.	Lumps ou tapé (rend^t 80 p. °/°.
	fr. c.	fr. c.	fr. c.
Sucres de nuance égale au plus au 1er type ou de nuances inférieures, importés. des colonies françaises au-delà du cap de Bonne-Espérance. *jusqu'au 30 juin 1864.*	19 00	30 00	28 50
du 1er juillet 1864 au 30 juin 1865.	20 50	32 36	30 75
du 1er juillet 1865 au 30 juin 1866.	22 00	34 73	33 00
à partir du 1er juillet 1866.	25 00	39 47	37 50
d'Amérique. *jusqu'au 30 juin 1866.*	22 00	34 73	33 00
à partir du 1er juillet 1866.	25 00	39 47	37 50
d'ailleurs, hors d'Europe, par navires français.	25 00	39 47	37 50

(*Circ. des 23 mai 1860*, n° 641, *et 19 janvier 1861*, n° 725.)

Rayer le n° 275 S.

Les importateurs qui voudront se réserver la faculté de réexportation ultérieure, sous bénéfice de prime, à l'égard des sucres importés, devront indiquer, dans leurs déclarations, la nuance de ces sucres. Le service procédera alors à la vérification exacte de la nuance et la désignera dans les acquits de paiements.

Les quittances qui n'indiqueraient pas la nuance des sucres ou qui seraient relatives à des sucres de nuance supérieure au type ne pourront pas être reçues pour donner ouverture au drawback. (*Circ. du 23 mai 1860, n° 641.*)

La déclaration énonçant comme étant de nuances égales ou inférieures au type actuel, des sucres que le service reconnaîtrait appartenir à une catégorie supérieure, tomberait sous le coup de l'art. 17, § 1er, de la loi du 21 avril 1818. *V.* n° 1683 T. (*Déc. du 20 juin 1860.*)

420—1700, 1701 à 1706 T; 130 à 132, et 277 S. *Rayer, la loi du 5 mai 1860 ayant supprimé les primes à l'exportation des fils et des tissus de coton ou de laine.*

1711. *Rayer, la prime ayant été supprimée par décret du 5 janvier 1861, art. 2.*

1712. *Rayer, la prime ayant été supprimée par décret du 24 septembre 1860, art. 2.*

1719. *Rayer, les primes énoncées ayant été supprimées par décret du 5 janvier 1861, art. 2.*

421—1721. 3e §. *Aux mots* de fabrication étrangère, (2e ligne) *substituer ceux-ci :* pour la navigation d'origine et de fabrication britanniques. (*Décret du 22 décembre 1860; circ. du 8 janvier 1861, n° 721.*) *Au lieu de* 45 fr. (3e ligne), *mettre* 20 fr.

422—1723. 1re section. *Ajouter :* Saint-Jean-de-Maurienne, Nice. (*Circ.* n° 649.)

2e section. *Ajouter :* Pont-de-la-Caille*†, Saint-Jean-de-Maurienne*†, Lanslebourg*†, Menton (par Garavano)*† (*circ.* n° 649), Bois d'Amont*† (*circ.* n° 661), Fontan*† (*circ.* n° 707).

423—1730. *Bestiaux.* 1er §, note 2. *Rayer la* 1re *ligne et mettre :* Bœufs, vaches, taureaux, génisses, veaux, moutons, agneaux, boucs, chèvres et chevreaux, porcs et cochons de lait. (*Circ. du 15 septembre 1860, n° 685.*)

Rayer la dernière ligne.

Note 4. Pour les bestiaux (bœufs, etc.) un passavant est délivré au lieu d'un acquit-à-caution. (*Circ. du 15 septembre 1860, n° 685.*)

1732. *Aux mots :* acquit-à-caution *ajouter :* ou selon le cas le passavant.

424—1733. Les dispositions rappelées à ce nº ne sont pas applicables aux bestiaux (bœufs, vaches, taureaux, génisses, veaux, moutons et agneaux, boucs, chèvres et chevreaux, porcs et cochons de lait.) (*Circ. du 15 septembre* 1860, nº 685.)

1734. *Rayer.*

1735. *Rayer.*

425—1738. Le service n'exige que le paiement du simple droit d'entrée sur les excédants déclarés et reconnus au retour du pacage; et les affranchit de toute taxe s'il est justifié qu'ils proviennent de reproductions survenues pendant la durée du pacage. (*Circ. du 15 septembre* 1860, nº 685.)

426—1740. *Rayer les deux premières lignes.*

1740 *bis.* n'est soumis à aucune formalité le transport des bestiaux (bœufs, etc.) partant de la zône extérieure vers l'intérieur, ou arrivant de l'intérieur dans cette zône. (*Circ. du 15 septembre* 1860, nº 685.)

1741 à 1746. *Rayer, par application de la circ. du 15 septembre* 1860, nº 685.

427—1827. *Traités.* S'il est plus favorable au commerce que le droit conventionnel, le droit commun est appliqué. (*Circ. du 9 juin* 1860, nº 645.)

Les marchandises arrivées en France et placées en entrepôt avant la mise à exécution d'un traité de commerce doivent être soumises au droit commun. Cependant, à raison des circonstances, l'administration ne se refuse pas à autoriser parfois certaines exceptions, moyennant les justifications nécessaires. *(Déc. du 20 octobre* 1860.)

A moins de dispositions spéciales et expresses, un traité de commerce ne modifie en rien les formalités ou conditions relatives au régime des admissions temporaires. Ainsi, lorsqu'une nouvelle tarification conventionnelle implique justification d'origine pour la mise en consommation, il convient de procéder comme avant l'application du traité à l'égard des produits reçus temporairement. *(Déc. du 20 octobre* 1860.)

428—1846. *États-Unis.* 1er §, en note. A défaut des justifications prescrites, le service doit admettre les certificats d'origine délivrés par les consuls français, et même, dans le cas où les intéressés ne seraient pas en mesure de produire des certificats de l'espèce, on peut passer outre si l'examen des connaissements et des papiers de bord, de même que la vérification, ne laissent aucun doute sur l'origine américaine des marchandises. *(Circ. lith. du 26 février 1861.)*

429—1847. *Angleterre.* Les produits du sol ou de l'industrie britannique (1), dénommés au traité du 23 janvier 1860 ou aux conventions complémentaires, importés directement (2) du Royaume-Uni (1) par navires français ou anglais, sont admissibles à un droit spécial ou conventionnel, qui, décimes compris, ne dépasse pas 30 p. %, de la valeur. *(Traité de commerce du 23 janvier 1860; décret du 19 mars 1860, et circ. du 9 juin 1860, n° 645; décret du 29 septembre 1860 et circ. n°s 693 et 696; première convention complémentaire du 12 octobre 1860, décrets du 26 et circ. du 29, n° 704, concernant les métaux, les ouvrages en métaux, les machines et mécaniques, les sucres raffinés; deuxième convention complémentaire du 16 novembre 1860, décret du 30 et circ. n° 712 sur les épingles qui, pour l'application du traité avec l'Angleterre, cessent d'être rangées dans la classe de la mercerie.)*

Le bénéfice du tarif spécial ou conventionnel, qui ne comporte pas d'ailleurs l'application des décimes (*circ.* n° 693), est subordonné à la production de certificats d'origine délivrés soit, sur une déclaration faite devant lui, par un magistrat britannique siégeant au lieu d'expédition; soit par le chef du service des douanes au port d'embarquement, soit enfin par les consuls ou agents consulaires de France aux lieux d'expédition ou d'embarquement. Dans les deux premiers cas, les signatures des autorités britanniques doivent être légalisées par les consuls ou agents consulaires de France.

Mais le service n'aura pas à exiger de certificat d'origine pour les objets apportés d'Angleterre par des voyageurs, lorsqu'il sera reconnu que ces objets sont hors de commerce, destinés à l'usage des importateurs et en rapport avec leur condition et l'importance de leurs bagages. *(Circ.* n° 704.)

---

(1) Ou des îles de Jersey et de Guernesey. *(Circ. du 2 février 1861,* n° 730.)

Restent soumis aux conditions générales du tarif, les produits des autres possessions britanniques soit en Europe, soit hors d'Europe. (Malte, Gibraltar, etc.) *(Circ.* n°s 645 et 696.)

(2) Le transport direct s'établit et est justifié par l'examen des livres et papiers de bord. *(Circ.* n°s 645 et 696.)

430—. Les produits britanniques indirectement importés par navires de tous pavillons restent soumis aux conditions générales du tarif. (*Circ.* n°s 696 *et* 704.)

431—. Les navires d'une tierce puissance qui importeraient directement d'un port du Royaume-Uni des produits d'origine britannique inscrits dans le traité, supporteraient les taxes ordinaires de navigation (*circ.* n°s 696 *et* 704), et leurs cargaisons seraient assujéties aux surtaxes suivantes de pavillon :

1° Surtaxe fixe de 25 cent. par 100 kilogrammes, lorsque les marchandises sont affranchies de tout droit à l'entrée, ou quand elles sont taxées à moins de 3 fr. par 100 kilogrammes;

2° Surtaxes édictées par l'art. 7 de la loi du 28 avril 1816, V. n° 24 T, si les marchandises sont passibles d'un droit de 3 fr. ou au-dessus par 100 kilogrammes. (*Décret du* 28 *octobre* 1860; *circ,* n° 704.)

432—. Les importateurs de machines et mécaniques, entières ou en pièces détachées, d'origine britannique, sont dispensés de produire tout modèle ou dessin, et il n'y a pas à recourir alors au comité consultatif. On procède immédiatement aux liquidations définitives. En cas de fausse déclaration et après s'être éclairé au besoin de l'avis d'experts compétents, le service pourrait déclarer la saisie, conformément à la loi du 22 août 1791, titre II, art. 21. V. n° 228 T. (*Circ.* n° 704.)

433—. Les objets d'orfévrerie et de bijouterie, en or, en argent, etc., de manufactures britanniques, importés d'Angleterre, sont assujétis au régime établi en France pour l'industrie nationale, de sorte que les plaqués anglais doivent recevoir l'empreinte du poinçon carré. (1re *convention complémentaire du* 12 *octobre* 1860, *art.* 9.) Mais il suffit que ce poinçon soit apposé avant que les objets soient exposés en vente; et le service des douanes n'a pas à intervenir à ce sujet. (*Déc. du* 10 *janvier* 1861.)

434.—. En ce qui concerne les marchandises d'origine britannique taxées *ad valorem*, il est établi une garantie et contre l'abus du droit de préemption au préjudice de l'importateur, et contre les mésestimations au détriment du Trésor public.

A cet effet, l'intéressé est tenu de joindre à sa déclaration énonçant la valeur de la marchandise et au certificat d'origine, une facture qui en indique le prix réel au lieu d'achat. Cette facture, qui doit émaner du fabricant ou du vendeur, sera visée par un consul ou agent consulaire de France. La douane pourra, en outre, se faire représenter les connaissements. (*Traité du 23 janvier 1860, art. 4; circ. du 29 octobre 1860, n° 704.*)

La valeur déclarée et admise à l'entrée dans le port d'importation pourra être, plus tard, modifiée, si, au lieu d'être livrée immédiatement à la consommation, la marchandise taxée *ad valorem* est mise en entrepôt ou expédiée en transit ou en mutation d'entrepôt sur un autre point du territoire pour être acquittée ultérieurement. Ainsi, ce sera toujours la valeur *actuelle* au moment de la déclaration d'acquittement qui servira de base à l'application du droit; mais la valeur constatée au débarquement devra être mentionnée exactement sur les sommiers d'entrepôt, et, s'il y a lieu, sur les acquits-à-caution de transit ou de mutation d'entrepôt qui seraient délivrés, afin qu'elle puisse être consultée comme point de départ et d'appréciation. (*Circ. n° 704.*)

L'importateur contre lequel la douane voudra exercer le droit de préemption pourra, s'il le préfère, demander l'estimation de sa marchandise par des experts. La même faculté appartient à la douane lorsqu'elle ne jugera pas convenable de recourir immédiatement à la préemption. (*Même traité, art. 6.*)

Si l'expertise constate que la marchandise n'a pas une valeur de 5 p. % supérieure à celle déclarée, le droit sera perçu sur le montant de la déclaration. Si la valeur constatée est de 5 p. % supérieure à celle déclarée, la douane pourra, à son choix, exercer la préemption ou percevoir le droit sur la valeur déterminée par les experts. Ce droit sera augmenté de 50 p. % à titre d'amende, si l'évaluation des experts est de 10 p. % supérieure à la valeur déclarée. (*Même traité, art. 7.*)

Dans les cas prévus par l'art. 6, les deux arbitres-experts seront nommés, l'un par le déclarant, l'autre par le chef local du service des douanes; et en cas de partage, ou même au moment de la constitution de l'arbitrage, si le déclarant le requiert, les experts choisiront un tiers arbitre, et s'il y a désaccord, celui-ci sera nommé par le président du tribunal de commerce du lieu de déclaration, à défaut par le président du tribunal de commerce du lieu le plus voisin.

La décision devra être rendue dans les quinze jours qui suivront la constitution de l'arbitrage.

Toutes les fois que la douane ou l'importateur réclamera l'expertise, l'un ou l'autre, suivant le cas, notifiera par écrit ses intentions à la partie adverse, aussitôt après la reconnaissance des marchandises. Cette notification, qui devra avoir lieu dans les vingt-quatre heures qui suivront la reconnaissance, sera faite dans la forme administrative par le receveur du bureau où la déclaration aura été enregistrée. Si un tiers arbitre doit être nommé, c'est pareillement au receveur, après s'être préalablement entendu avec le chef de la visite, qu'appartiendra le soin de présenter requête au président du tribunal de commerce. Cette requête devra être écrite sur papier timbré; mais elle n'est pas sujette à l'enregistrement. Au contraire, l'ordonnance du juge qui aura nommé le tiers arbitre sera enregistrée, au droit fixe de 3 francs.

Les directeurs et inspecteurs veilleront à ce que rien ne soit négligé pour que les experts réunissent à la fois les garanties nécessaires d'aptitude et de probité. Ceux-ci devront être choisis de préférence parmi les fabricants ou marchands d'objets similaires de ceux qui devront être estimés.

La décision arbitrale doit être rendue dans les quinze jours qui suivront la constitution de l'arbitrage. Cette décision, qui devra être sur timbre, ne sera soumise à la formalité de l'enregistrement que dans le cas où il serait nécessaire d'en faire usage en justice.

La liquidation portera sur la valeur déclarée, si la déclaration est reconnue exacte ou si l'expertise ne fait ressortir qu'une mésestimation inférieure à 5 p. %. Si l'atténuation de valeur constatée excède 5 p. %, mais n'atteint pas 10 p. %, la douane aura la faculté de préempter ou de recouvrer les droits sur la valeur reconnue.

Quand le résultat de l'expertise accusera une mésestimation de la part du déclarant de 10 p. % ou plus, la douane demeurera libre ou de préempter ou de percevoir le droit sur la valeur, augmenté de 50 p. % à titre d'amende.

L'administration compte sur le discernement des chefs pour le choix de l'un ou l'autre parti, ainsi laissé à leur décision dans les deux dernières hypothèses. Ils comprendront qu'en pareil cas on ne devra recourir à la préemption qu'autant que le service aurait des motifs sérieux de penser qu'elle conduirait à des résultats plus avantageux que la liquidation immédiate, ou qu'elle serait reconnue nécessaire pour déjouer des spéculations abusives.

Il sera procédé à la préemption, quand il y aura lieu, dans la forme prescrite par les règlements généraux sur la matière. Elle sera notifiée dans les vingt-quatre heures qui suivront soit la visite, s'il n'y a pas eu expertise, soit l'arbitrage des experts, si l'on a eu recours à leur intervention. La douane aura ensuite, d'après les dispositions de l'art. 4, § 3, du Traité du 23 janvier 1860, quinze jours pour payer à l'importateur la valeur de la marchandise portée dans la déclaration, et le vingtième en sus.

A l'égard du supplément de 50 p. °/₀ du droit, exigible comme pénalité, on agira suivant ce qui est prescrit en ce qui touche le double droit pour excédant. La marchandise pourra être retenue jusqu'à ce que l'importateur ait acquitté l'amende ou fourni caution.

Si la valeur déterminée par la décision arbitrale excède la valeur déclarée de 5 p. °/₀, les frais de l'expertise seront supportés par le déclarant; dans l'hypothèse contraire, ils seront supportés par la douane. En cas de contestation sur le chiffre de ces frais, ils seront arbitrés par le président du tribunal. (*Circ.* n° 704.)

433—1855. Note. Le traité de navigation de 1826 n'est pas applicable en Algérie; mais le bénéfice du traité de commerce du 23 janvier 1860, *V.* n° 429 S, est étendu à cette colonie (*Traité, art.* 18; *circ.* n° 645), ce qui laisse assujétis aux surtaxes de pavillon les produits britanniques importés en Algérie par navires anglais. Les importateurs y sont d'ailleurs libres d'opter pour le tarif de cette colonie lorsque celui-ci leur paraît plus favorable que le tarif conventionnel. (*Circ.* n° 696.)

436—1363 *bis. Néerlande.* Des dispositions analogues à celles qui sont rappelées au n° 1845 ont été adoptées entre la France et les Pays-Bas pour la garantie de la propriété des œuvres d'esprit et d'art. (*Traité du* 29 *mars* 1855; *décret du* 10 *août* 1855; *circ. du* 30 *mai* 1860, n° 643.)

Les dispositions énoncées au n° 1895 sont applicables aux livres, brochures ou mémoires des Pays-Bas, en langue française ou étrangère, importés, par terre ou par mer. (*Traité supplémentaire du* 27 *avril* 1860; *décret du* 15 *mai* 1860; *circ. des* 30 *mai* 1860, n° 643, *et* 31 *octobre* 1860, n° 706.

437—1871 *bis. Sardaigne.* Les acquits-à-caution de transit délivrés en France à destination de la Sardaigne, ou réciproquement, ne seront déchargés qu'autant qu'ils auront été revêtus par la douane d'entrée, dans le pays voisin, d'un certificat attestant que les marchandises y ont été régulièrement reconnues. (*Convention spéciale; circ. du* 16 *août* 1860, n° 672.)

438—1897 *bis. Nicaragua.* Les produits du sol ou de l'industrie de la république du Nicaragua importés directement en France par des navires nicaraguayens sont traités comme si l'importation s'en était effectuée par navires français. (*Traité du 11 avril 1859, art.* 10; *décret du 21 janvier 1860*; *circ. du 13 février 1860*, n° 624.)

Ces produits doivent être accompagnés de certificats d'origine délivrés par les agents consulaires aux ports d'embarquement. (*Même traité, art.* 9; *circ.* n° 624.)

Sont considérés comme navires du Nicaragua ceux qui, de bonne foi, appartiennent aux citoyens de cet État, pourvu que cette propriété résulte d'un passe-port, congé ou registre qui, certifié par l'autorité compétente, constate 1° le nom, la profession et la résidence du ou des prooriétaires, 2° le nom, la dimension, la capacité et toutes les particularités qui peuvent faire reconnaître la nationalité du bâtiment. (*Même traité, art.* 13, *circ.* n° 624.)

A la sortie, le pavillon nicaraguayen est, quant aux droits, assimilé au pavillon français. (*Traité, art.* 10.) Il y a ainsi exemption des droits de sortie pour les vivres et provisions de bord embarqués sur les navires nicaraguayens, à titre d'avitaillement. (*Circ.* n° 624.)

Pour les taxes de navigation, *V.* n° 588 S.

439—. *Iles Sandwich.* Des dispositions semblables à celles qui sont rappelées au n° 438 S, sont applicables à l'égard des produits du sol ou de l'industrie des îles Sandwich, comme aussi des vivres et provisions embarqués sur les navires hawaïens. (*Traité du 29 octobre 1857, art.* 8 *et* 9; *décret du 21 janvier 1860*; *circ. du 27 mars 1860*, n° 632.)

Les navires ne sont considérés comme appartenant aux îles Sandwich qu'autant que les capitaines et les trois quarts de l'équipage sont hawaïens. (*Même traité, art.* 14.)

Les navires hawaïens qui ont acquitté, au port de prime-abord, les taxes de navigation, peuvent, sans y être de nouveau assujétis, se rendre dans un ou plusieurs autres ports, soit pour y débarquer tout ou partie de leur cargaison, soit pour y composer ou compléter leur chargement. (*Même traité, art.* 12.) *V.* n° 390 S.

440—. *Salvador.* Pour les droits de navigation applicables aux navires salvadoriens, *V.* n° 389 S.

La perception s'effectuera d'après le registre de bord salvadorien. (*Traité du 2 janvier* 1858, *art.* 12; *décret du 3 mars* 1860; *circ. du* 21, n° 631.)

Les navires salvadoriens peuvent se rendre, sans être de nouveau assujétis aux droits de tonnage, du port de prime-abord à un ou plusieurs autres ports, soit pour y débarquer tout ou partie de leur cargaison, soit pour y composer ou compléter leur chargement. Toutefois, ils ne peuvent se livrer au cabotage. (*Même traité, art.* 13.)

441—2015. 1re ligne. *Pêches maritimes.* 2041. 1re ligne. 2053. Avant-dernière ligne. *Au lieu de* 1861, *mettre* 1871. (*Loi du 28 juillet* 1860, *art.* 1er; *circ.* n° 681.)

Avant-dernier §, 5e ligne. *Au lieu de* cinq, *mettre* deux. (*Loi du 28 juillet* 1860, *art.* 1er; *circ.* n° 681.)

442—2017. 4e §, en note. Les dispositions relatives au minimum d'équipage (n° 1°, 2°, 3°), sont applicables aux goëlettes armées à Saint-Pierre et Miquelon pour faire la pêche au grand banc de Terre-Neuve, au banc de Saint-Pierre, dans le golfe de Saint-Laurent, ou sur les côtes de Terre-Neuve. Il ne peut être embarqué à bord de ces embarcations aucun homme faisant partie de l'équipage d'un navire pêcheur expédié de France (1). (*Loi du 28 juillet* 1860, *art.* 1er; *circ.* n° 681.)

443—2064. *Armes. Rayer le* 1er §.

2e §. Note, 1er §. *Rayer* (2e et 3e lignes) : la date et le n° de l'acquit-à-caution. *Ajouter au* 2e § : et circ. du 10 juillet 1860, n° 655.

444—2071. 7e §. *Librairie.* Deux exemplaires de chacun des ouvrages, complets ou dépareillés, saisis comme contrefaçons et destinés à être détruits sont, après confiscation, adressés par le service à l'administration pour être remis à la bibliothèque impériale. S'il n'existe qu'un exemplaire, il est envoyé. (*Circ. man. du 28 juin* 1860, *et déc. du 20 juillet suivant.*)

445—2077. § 1er, note 2, 1er §. *Ajouter :* Saint-Nazaire (*décret du 4 juin* 1860; *circ.* n° 646), *Pont-de-la-Caille, *Saint-Jean-de-Maurienne, *Chambéry, *Nice (*décret du 25 juillet* 1860; *circ. du 7 août suivant,* n° 668).

---

(1) Au retour des navires pêcheurs expédiés de France, et avant de se prononcer sur la question de savoir si l'armateur a rempli toutes les conditions prescrites pour avoir droit à la prime d'armement, le service devra chercher à s'assurer s'il n'a pas été contrevenu à cette défense. (*Circ.* n° 681.)

446—2085. *Chasse.* Les growses ou perdrix d'Écosse sont ad-missibles en tout temps. (*Circ. du 21 décembre 1860, n° 716.*)

Contentieux.

447—2252. 2° §. La solidarité pour les dépens, V. n° 2242, peut être prononcée contre tous les prévenus que l'arrêt déclare avoir fait partie d'une même entreprise de contrebande. Il s'agit là non de faits isolés et accidentels, mais d'une série de faits identiques, accomplis par plusieurs agissant dans un même inté-rêt, d'après un plan organisé, et obéissant à une même direction. (*Arrêt de C. du 12 août 1859; circ. du 14 février 1860, n° 625.*)

448—2322. Au sujet du non rapport pur et simple du certificat de décharge d'un acquit-à-caution, l'amende recouvrée se répartit exclusivement entre les agents de la douane d'expédition, le bu-reau désigné pour la sortie n'ayant pas eu à intervenir.

Lorsque le bureau de destination a reconnu un déficit, il a droit aux deux tiers du produit net, l'autre tiers revenant à la douane de départ. Si c'est un excédant qui a été constaté, le pro-duit appartient entièrement à ce bureau. Quand il s'agit d'une différence dans la nature ou l'espèce des marchandises, deux ac-tions sont ouvertes : refus de décharge et saisie pour fausse dé-claration à la sortie. V. n° 2293 T. Il y a lieu alors de déterminer dans les clauses de la transaction unique la portion du recouvre-ment à imputer à chacune des infractions. Dans le cas où cette division n'aurait pas été prévue, on partagerait le montant par moitié : la partie concernant le refus de décharge se subdivise en un tiers pour le bureau de départ, deux tiers pour le bureau de destination; celle relative à la fausse déclaration est attribuée à la douane qui a opéré la saisie. (*Déc. du 7 novembre 1860.*)

449—. En cas d'infraction au *régime des transports internatio-naux par chemins de fer*, lorsqu'il s'agit par exemple de la rup-ture du plombage constatée au second bureau, V. n° 359 S, la répartition du produit net s'établit comme en matière ordinaire de non rapport de certificat de décharge. Quand il y a eu substitution, la répartition pour défaut d'acte de décharge s'effectue de même, et celle relative à la tentative d'introduction de marchandises non déclarées appartient entièrement au bureau qui a reconnu la con-travention. Toutefois, s'il n'y a pas eu, dans la transaction unique, V. n° 2293 T, attribution spéciale à chacune des infrac-tions d'une portion de l'amende recouvrée, l'administration admet que l'on cumule les deux opérations et qu'il soit alors alloué un sixième au bureau d'expédition et cinq sixièmes à celui de destination. (*Déc. du 22 février 1860.*)

450—2323. La répartition pour infraction résultant de déficit à la sortie s'opère conformément aux dispositions rappelées au n° 2322; et les deux tiers sont subdivisés, proportionnellement aux quantités de marchandises qu'ils ont eu à vérifier, entre tous les bureaux intervenus au sujet des déclarations d'exportation. En cas de fausse déclaration de nature, espèce, etc., on détermine la partie du recouvrement à imputer et à la non décharge de l'acquit-à-caution et à la tentative d'exportation de marchandises non déclarées : la première part est distribuée suivant le n° 2322; la seconde appartient entièrement au bureau qui a constaté la saisie. (*Déc. du 31 mai 1860.*)

www.ingramcontent.com/pod-product-compliance
Lightning Source LLC
Chambersburg PA
CBHW060808280326
41934CB00010B/2604